DISTRICT

DES CAPUCINS

SAINT-HONORÉ.

Novembre 1789.

DISTRICT

DES CAPUCINS

SAINT-HONORÉ.

Cᴇᴊᴏᴜʀᴅ'ʜᴜɪ, 3 novembre 1789, le comité militaire tenant en la falle d'affemblée générale, où le bataillon & tous les citoyens en état de porter les armes avoient été convoqués, M. Cheron de la Bruyere, commandant du bataillon du diftrict, a dit :

Mᴇssɪᴇᴜʀs,

Lorfque, par une proclamation générale, je vous ai invités à vous réunir près de moi, déjà l'alarme étoit femée ; déjà l'on craignoit pour la fûreté de la ville de Paris ; l'on craignoit !

A 2

ah ! Messieurs, ce n'étoit pas nous, sans doute, que cette crainte préoccupoit. N'avons-nous pas la force en main pour la défendre ? ne sommes-nous plus animés de ce courage vraiment patriotique avec lequel nous avons détruit à jamais la caverne affreuse de l'injustice & de la servitude, cette Bastille criminelle, qui depuis cinq cents ans engloutissoit tant de victimes innocentes ? N'aurions-nous plus ce courage de la liberté, plus fort que les armes du despotisme, avec lequel nous avons repoussé victorieusement les tentatives atroces de nos lâches ennemis ? Ils continuent, les traîtres, à ourdir dans l'ombre du silence leurs trames exécrables ; ils fuient le jour, moins pour se cacher à nous que pour se cacher à eux-mêmes ; ils auroient horreur de le voir. Barbares de sang-froid, leurs projets bêtement impolitiques ne devroient appeller sur eux que le sourire du mépris & de la pitié, si la famine qu'ils s'épuisent à introduire parmi nous ne commandoit notre indignation. C'est l'intérêt, l'ambition qui les possedent, lorsque la justice, l'amour de la patrie & de la liberté nous animent & nous transportent. Ah ! ne nous méfions pas de nos forces, & nous serons les plus forts ; continuons à nous montrer au grand jour, & l'éclat de notre gloire les frappera d'un éternel aveuglement.

Je n'ai pas eu le projet, en vous convoquant, Messieurs, de vous inspirer des sentimens qui sont dans tous vos cœurs ; j'estime trop les braves citoyens que j'ai l'honneur de commander, j'ose le dire, d'après l'unanimité de leurs suffrages, pour douter un seul instant qu'ils n'en soient profondément pénétrés. Mais, Messieurs, je le dis à regret, il en est parmi nous qui, pour vaquer à des affaires personnelles, négligent la grande affaire de la régénération publique ; & comme il est loin de mon cœur de penser qu'aucune mauvaise volonté les en détourne, comme je suis persuadé que leur indifférence pour le service ne provient que de ce qu'ils ignorent les dangereuses conséquences qu'elle entraîne, je vais me permettre de les leur rappeller. Puissé-je dessiller leurs yeux, leur montrer qu'il est aussi glorieux que facile de combler l'abîme dans lequel leur imprudence me fait craindre de les voir se précipiter : la vérité n'a pas besoin d'être éloquente pour pénétrer ceux qui la desirent & la cherchent.

Mon cœur vous parle, vos cœurs m'écoutent, & mon succès est assuré.

Le brave & prudent général auquel nous obéissons tous, le fondateur françois de la liberté Américaine a été appellé & choisi par nous pour être le restaurateur de la liberté Françoise. Elle est à nous, cette liberté précieuse, ce bien inaliénable de l'homme ; elle est à nous ; mais il faut la maintenir ; trop de tyrans ont intérêt à nous en dessaisir ; nous la laisserons-nous lâchement arracher, & quelque beau, quelque grand que soit le nom de la Fayette, le croyons-nous suffisant pour nous la conserver ? Ah ! il ne le croit pas lui-même ; modeste sous tant d'autres rapports, ici sa modestie n'est que justice. C'est un grand homme sans doute, mais ce n'est qu'un homme ; & nous flétririons de nos propres mains les lauriers qu'il a cueillis en Amérique, si nous ne concourions à en cueillir avec lui au sein de notre patrie. Oui, mes camarades, je voudrois que vous pussiez tous le connoître & l'entendre ; quelques-uns parmi vous ont eu ce bonheur ; mais je le répete, j'espere que la force de la vérité suppléera dans ma bouche à celle de son éloquence , & je regarde déjà les ennemis du bien public comme terrassés & anéantis.

Que vous demande notre chef ? que vous demandé-je après lui, Messieurs ? rien qui ne vous soit personnel , rien qui ne touche ici chaque individu : le maintien de votre liberté , votre sûreté individuelle , celle de vos femmes , de vos enfans , de votre famille , de vos amis , de vos concitoyens & de vos freres ; & ce n'est pas seulement dans l'intérieur de cette capitale que des liens si chers sont concentrés ; vous n'êtes plus seulement les soldats de la ville de Paris ; entre vos mains est le sort de la France , de votre patrie , de l'Europe entiere , peut-être , à qui vous allez donner un exemple que tous les Empires se montreront jaloux de suivre.

Avez-vous une idée , Messieurs, de la fonc-tion auguste , du devoir sublime que tout vous impose ? concevez - vous une situation plus douce & plus glorieuse ? Je crains de ne pou-voir faire passer assez rapidement dans votre ame les sentimens patriotiques qui pressent & débordent la mienne. La France eſt aujourd'hui dans Paris ; ici vous avez le bonheur de poſſéder votre roi, ce roi bon, juſte, bienfaiſant, fort de l'amour de ſon peuple contre les attaques de nos ennemis communs, qui ſe remet à nous entiérement, ſe livre à nous, ne veut être gardé que par nous ; c'eſt dans vos murs que vit & doit vivre en ſûreté ſon auguſte famille : ici vous poſſédez les reſpectables organes de la nation entiere, entre leſquels il regne la plus intime fraternité, & qui travaillent ſans relâche à votre bonheur : la plupart d'entr'eux ſont peres de famille, négocians, cultivateurs ; ils ont abandonné leurs affaires, leurs plaiſirs ; ils ont ceſſé d'être citoyens de leurs provinces pour être citoyens de la France ; & c'eſt ſans ſortir de chez vous, ſans vous éloigner de vos foyers, ſans quitter ce que vous avez de plus cher au monde, au milieu de votre commerce, de vos affaires & de vos propriétés, qu'on vous fait a loi, loi bien douce & bien chere, de veiller la ſûreté, à la liberté de votre commerce, de vos affaires & de vos propriétés. Vous rappellerai-je, d'après l'aveu de notre général, vous rappellerai-je ce qu'il en a coûté à l'Amérique pour être libre. Sept ans de guerre continuelle ; deux cents mille hommes tués ou morts de faim, de froid & de fatigues ; & cette révolution, d'après l'opinion commune, est celle qui a entraîné le moins de malheurs. N'admirez-vous pas la constance qui naît de l'amour de la liberté ; la disette des vivres les plus nécessaires ne put l'altérer, les soldats, vivant journellement de la moitié ou du quart de leur ration ordinaire, ne se font pas rebutés. Quand je dis soldats, je dis officiers, je dis généraux, tout est commun quand on combat pour la chose commune : le plus beau droit des officiers est celui de marcher les premiers au danger, & de sauver, aux dépens de leur vie, celle de leurs camarades.

Je me résume, & reviens à ce qui nous touche personnellement & nous réunit ici. Il seroit à desirer, sans doute, non que nous fussions tous pénétrés de ces vérités, nous le sommes, mais que nous pussions tous, avec le même zele, nous livrer aussi constamment au même service. Je le sais, il en est parmi nous qui ont besoin de travailler pour vivre. Ah ! que ce ne soit pas pour eux une raison de se refuser à partager notre gloire. Que ceux-là se rendent néanmoins au premier signal ; il faut vivre, diront-ils, oui ; eh bien, qu'ils puisent dans ma bourse ; lorsqu'ils l'auront épuisée, je vois celle de mes concitoyens qui s'ouvrent, ils y puiseront sans cesse ; il est plus glorieux & souvent plus honnête d'être pauvre que d'être riche. Comme cette considération peut seule arrêter de vrais & loyaux citoyens, faisons donc ici le serment, & cet exemple nous est déjà donné par le plus grand nombre de nos concitoyens ; faisons, dis-je, le serment d'être tous prêts à marcher, le jour, la nuit, à toute heure, au premier ordre. Je m'y engage le premier ici solemnellement ; j'immole mon repos, ma fortune, ma vie pour la liberté & le bonheur de la France. Je me soumets, soumettons-nous-y tous, aux peines les plus infamantes ; je consens à être deshonoré si je manque un instant à mon devoir ; j'en signe ici l'engagement entre les mains de Messieurs du comité civil, qui tous sont soldats comme nous, & qui servent aussi véritablement leur patrie par leurs soins sages & actifs, leur surveillance continuelle pour les subsistances, & tout ce qui touche le bien public, & je prie Messieurs les capitaines de re-

cevoir les fignatures de ceux de leurs compa-
gnies qui fe fentent le même courage.

Quatre mois de travaux & de conftance, &
la France eft fauvée. Je parle à des François, à
mes concitoyens, à mes camarades. J'en ai dit
affez ; je réponds du falut de ma patrie.

3 *Novembre* 1789.

CHERON DE LA BRUYERE, commandant le bataillon du diftrict des Capucins Saint-Honoré.

Les applaudiffemens de toute l'affemblée ont
été fuivis de la demande de l'impreffion du
difcours de M. le commandant du bataillon,
qui a rédigé fur le champ le ferment fui-
vant :

Nous, commandant de bataillon, officiers
& foldats - citoyens de la garde - nationale-
Parifienne, nous engageons folemnellement à
fervir perfonnellement & obéir ponctuellement
le jour, la nuit & à toute heure aux ordres
du commandant général & de l'état-major, &
chacun de nous aux officiers fupérieurs que

nous avons choifis pour nous commander, nous foumettant volontairement à être reconnus, affichés même comme mauvais citoyens, dans le cas où , fans caufe de maladie ou d'abfence néceffaire , nous manquerions à notre fervice , regardant la fûreté publique, le maintien de la liberté comme le premier devoir de tout bon citoyen.

Ce ferment a été prêté par tous les citoyens préfens, au nombre de deux cent cinquante , qui fe font difputé l'honneur de figner les premiers.

Alors le comité civil a demandé que l'impreffion du difcours de M. Cheron fût faite à fes frais, ce que Meffieurs les militaires ont bien voulu accorder , & de fuite les officiers ont rédigé l'arrêté qui fuit :

Meffieurs le préfident, le vice - préfident & tous les membres du comité civil, partageant les fentimens auffi patriotiques que généreux dont eft pénétré M. le commandant de bataillon, & applaudiffant avec tranfport à l'engagement qu'il vient de prendre & au ferment qu'il a figné conjointement avec Meffieurs les officiers & foldats - citoyens , d'être prêts à toute heure pour l'exécution des ordres de M. le commandant général , concernant la chofe publique , déclarent qu'ils prennent auffi le même engagement pour tout ce qu'exigera le fervice civil qui leur eft confié , & que néanmoins , dans le cas où le fervice militaire obligeroit tous les citoyens à être fur pied, & qu'il feroit indifpenfable de faire marcher la garde même du pofte du diftrict , les membres du comité civil fe chargeront fpécialement de faire perfonnellement le fervice du pofte , de maniere cependant que les affaires du bureau n'en fouffrent pas , & ont *figné* Ad. MARCHAND, *préfident*; LE ROUX DEBEAULIEU , *vice-préfident* ; SALMON, *tréforier & membre du comité* ; Domme, Federiis, Plantier, Ozane, Lucotte, Chevallerie , de Prinfac, Gaujac , Dubertey l'aîné, Lamaigniere, *fecrétaire.*

I